Olaf Satzer

CW00531598

Kräsch! Bum! Bäng.
Cajón für Kinder

Inhalt

Die Cajón

Das Wort „**Cajón**" ist spanisch und bedeutet so viel wie „*Kiste*" oder „*Box*". Die *Cajón* stammt ursprünglich aus Süd- und Mittelamerika und ist später mit dem Einzug der lateinamerikanische Musik nach Europa hier bekannt geworden. Sie gehört zu den Schlag-, bzw. Percussion-Instrumenten, wie zum Beispiel *Bongos*, *Congas*, *Schellenring* oder *Shaker*.

Sie unterscheidet sich aber von allen anderen Percussion-Instrumenten, weil sie so vielseitig ist. In einer Cajón steckt sozusagen fast ein *komplettes Schlagzeug*. Alles in einer kleinen Kiste. Daher ist die Cajón in den letzten Jahren auch immer beliebter geworden und wird in vielen verschiedenen Musikrichtungen eingesetzt. Es gibt inzwischen viele Musiker, die sich auf die Cajón spezialisiert haben und sie hervorragend spielen können.

In diesem Buch lernst du grundlegende Arten, die Cajón zu spielen und auch, wie du damit ein richtiges Schlagzeug imitieren kannst.

Die Cajón besteht im Wesentlichen aus *drei Teilen*:

1. Die Schlagfläche

Die Schlagfläche befindet sich an der Vorderseite der Cajón und ist aus Holz. Es gibt verschiedene Holzarten, die bei der Herstellung verwendet werden. Daher sehen Cajóns vorne auch

oft unterschiedlich aus. Es gibt helle und dunkle Schlagflächen, ganz schlichte oder auch solche mit einer schönen Maserung. Die Schlagfläche ist mit Schrauben an der Kiste befestigt.

Tipp: *Du solltest übrigens nicht mit normalen Drumsticks auf der Cajón spielen. Das kann das Holz beschädigen.*

2. Der Korpus

Der Korpus ist der Klangkörper der Cajón und besteht ebenfalls aus Holz. Er ist die eigentliche Kiste, auf der du beim Spielen sitzen wirst. Keine Angst, so eine Cajón ist ziemlich stabil gebaut. Du kannst dich ruhig draufsetzen. Der Korpus einer Cajón kann unterschiedlich groß sein. Es gibt größere Kisten für große Musiker und auch kleinere Kisten für kleinere Musiker oder auch für Kinder.

An der Rückseite des Korpus befindet sich ein Loch, das sogenannte Resonanzloch. Diese Öffnung ist notwendig, damit die Cajón gut klingen kann.

3. Die Schnarrvorrichtung

Im Inneren der Cajón findest du, je nach Modell, unterschiedlich viele Stahlsaiten an der Rückseite der Schlagfläche. Diese Stahlsaiten erzeugen später bei bestimmten Schlägen einen Schnarr-Effekt, wie man ihn auch von der Snare Drum an einem Drum-Set kennt. Mit Schrauben kann eingestellt werden, wie stark die Saiten gespannt sind. Das beeinflusst den Klang des Instrumentes.

Die Sitzposition

Du solltest dich auf deiner Cajón möglichst *weit nach hinten* setzen. Aber natürlich so, dass du noch sicheren Halt hast und nicht abrutschen kannst. Stelle deine *Füße* rechts und links vor die Cajón und lass sie etwas nach hinten kippen.

Mach das zunächst schön *l a n g s a m* und balanciere deine Sitzposition gut aus. Lass vor allem deine Füße fest auf dem Boden stehen, damit du nicht nach hinten fallen kannst. Lasse dann deine Schulter locker hängen. Nun kannst du mit deinen *Händen* die Schlagfläche gut erreichen und schon mal ein paar Probeschläge machen.

Orientiere dich am besten an den Fotos auf dieser Seite, damit du gleich die richtigen Sitzposition einnehmen kannst.

Sitzposition

Kippen

Schlagen

Die Schlagtechniken

In diesem Buch lernst du zunächst *drei Schlagtechniken* kennen, mit denen du schon schon richtig coole Cajón-Grooves spielen kannst.

Hier stelle ich dir diese drei Techniken vor:

1. DER BASS-SCHLAG

Der *Bass-Schlag* erzeugt – wenn du ihn richtig ausführst – einen schönen, tiefen Ton. So ähnlich wie der Klang einer *Bass Drum* am Drum-Set.

Du solltest die Schlagfläche der Cajón etwas oberhalb der Mitte anspielen (*linkes Foto*). Dabei drückst du deine Hand so durch, dass du den Schlag mit dem Fingeransatz ausführen kannst (*rechtes Foto*). Erst dadurch erhält der Schlag erhält seinen *tiefen und warmen Klang*.

In den Übungen findest du neben den Noten für den *Bass-Schlag* auch eine Cajón mit einem *grünen Feld*. Dieses grüne Feld steht ebenfalls für den *Bass-Schlag*.

Du musst also nicht sofort nach Noten spielen, sondern kannst dich auch zunächst an den Bildern orientieren.

2. DER OPEN TONE-SCHLAG

Dieser Schlag erzeugt einen höheren und knalligeren Sound, bei dem die Stahlsaiten im Inneren der Cajón gut angesprochen werden. Es entsteht ein Klang, der an eine *Snare Drum* am Drum-Set erinnert.

Der *Open Tone-Schlag* wird in der Nähe des *oberen Randes* der Cajón ausgeführt (*linkes Foto*). Dabei schlägst du mit den Fingern der flachen Hand auf die Schlagfläche (*rechtes Foto*).

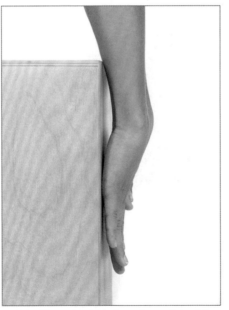

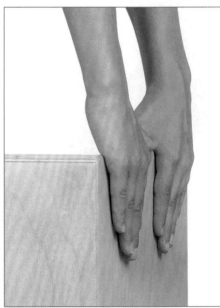

Bass-Schlag oberhalb der Mitte   Die Hand wird durchgedrückt   Open-Anschlag in Randnähe   Anschlag mit der flachen Hand

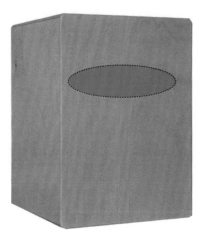

Tipp: *Achte darauf, nicht mit dem Daumen auf die obere Kante zu treffen. Das kann schmerzhaft sein.*

Wie für den Bass Schlag, gibt es auch für den *Open Tone-Schlag* eine Cajón mit einem farbigen Feld.

Für den **Open Tone-Schlag** ist es **rot**. Spiele also zunächst auch diesen nach den Bildern und später auch nach Noten.

 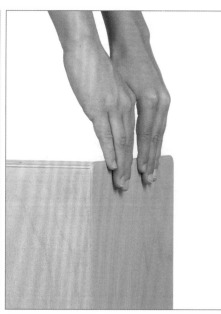

Tip-Schlag am oberen Rand   Anschlag mit den Fingerspitzen

3. DER TIP-SCHLAG

Mit dem **Tip-Schlag** lässt sich ein *hoher und leiser Sound* erzeugen, den man mit dem Schlag auf eine *HiHat* am Drum-Set vergleichen kann. Achte darauf, nicht zu viel Kraft aufzuwenden. Das ist bei diesem Schlag nicht erforderlich.

Du schlägst beim Tip-Schlag auf den *oberen Rand* der Schlagfläche (*linkes Foto*). Es genügt, wenn du dabei nur mit den *Fingerspitzen* schlägst und eine kleine Bewegung machst, damit der Schlag nicht zu laut und knallig wird (*rechtes Foto*).

Das Cajón-Bild für den **Tip-Schlag** hat ein **blaues Feld**.

Die Notation

Die Cajóns mit den *farbigen Feldern* hast du nun kennen gelernt. Hier erfährst du, wie die entsprechenden Noten aussehen. Jeder Schlag hat seine eigene Note auf einer eigenen Notenlinie.

In diesem Buch lernst du zunächst die *drei wichtigsten Schlagarten* auf der Cajón kennen. Daher stehen alle Übungen auch auf Notenzeilen mit nur *drei Notenlinien*:

1. BUM – DER BASS-SCHLAG

Die Cajón mit dem *grünen* Feld für den *Bass-Schlag (Bum)* kennst du schon. Die Note für diesen Schlag hat einen *quadratischen Notenkopf* und steht *unterhalb der ersten Notenlinie*:

Kräsch! Bum! Bäng! Cajón

2. TSCHAK – DER OPEN TONE-SCHLAG

Hier die Cajón mit dem *roten* Feld für *Tschak*, den *Open Tone-Schlag*.

Die entsprechende Note hat einen Kopf in Form einer *Raute* und steht *oberhalb der mittleren Notenlinie*:

 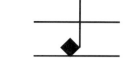

3. TIP – DER TIP-SCHLAG

Die Cajón mit dem *blauen* Feld steht für *Tip*, den *Tip-Schlag*.

Der Notenkopf hat ebenfalls die Form einer *Raute*, ist allerdings *nicht ausgefüllt*. Die Note steht *oberhalb der obersten Notenlinie*:

 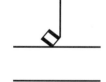

RECHTS & LINKS – SO GELINGT'S

Die Buchstaben „**R**" und „**L**" unterhalb der Übungen sagen dir, mit welcher Hand du die jeweiligen Schläge ausführen sollst.

„**R**" bedeutet mit *Rechts*, „**L**" bedeutet mit *Links*. Hier als Beispiel *Bum*, der *Bass-Schlag*:

R = rechte Hand
L = linke Hand

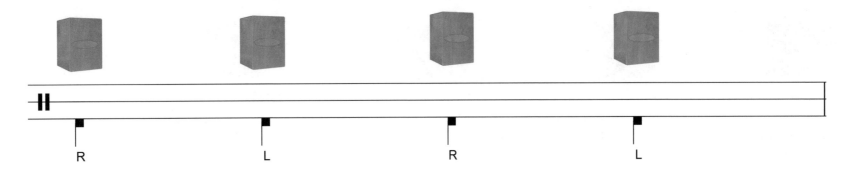

DAS METRONOM – DER TAKTGEBER

Falls du deine Übungen zum Klick eines Metronoms spielen möchtest, habe ich dir unter die ersten Übungen geschrieben, wo der Viertelklick deines *Metronoms* sitzen sollte: jeweils gleichzeitig mit den Viertelnoten. Hier am Beispiel von *Tschak*, dem *Open Tone-Schlag*:

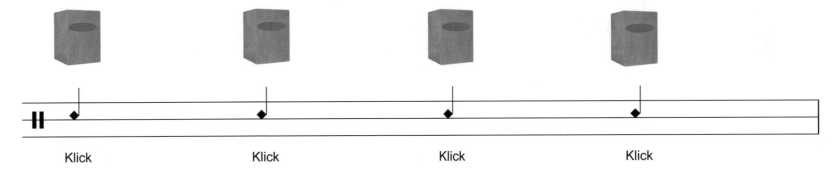

ZÄHLE „EINS, ZWEI, DREI ..."

Wie bei jedem anderen Instrument, solltest du auch beim Üben mit der Cajón unbedingt mitzählen. In diesem Beispiel mit dem *Tip-Schlag (Tip)* zählst du Viertelnoten:

Eins, Zwei, Drei, Vier ...

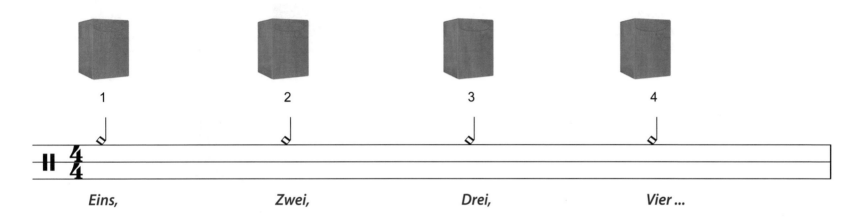

Eins,   Zwei,   Drei,   Vier ...

WIR WIEDERHOLEN ...

Am Anfang und am Ende dieses Taktes stehen *Wiederholungszeichen*. Was *zwischen* diesen Wiederholungszeichen steht, soll einmal wiederholt werden.

 = *Einmal wiederholen*

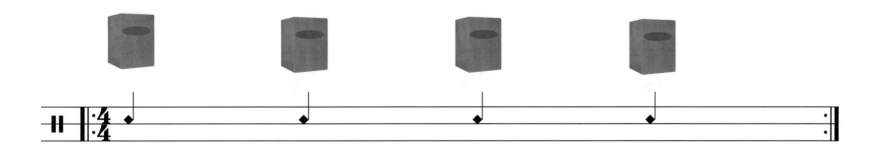

Kräsch! Bum! Bäng! Cajón

BUM – DER BASS-SCHLAG

Der erste Schlag, den du nun üben wirst, ist der *Bass-Schlag*. Wenn du ihn – wie auf *Seite 6* beschrieben – ausführst, erzeugt er einen schönen tiefen und satten Ton.

Wie gesagt, ist die Cajón eine Kiste, in der sich ein fast komplettes Schlagzeug verbirgt. Man könnte den Bass-Schlag auf der Cajón mit einem Schlag auf der **Bass Drum** am Drum-Set vergleichen.

Spiele nun *Viertelnoten* mit dem *Bass-Schlag*. Führe die Schläge zunächst mit der *rechten Hand* aus und zähle dabei schön gleichmäßig mit:

Eins, Zwei, Drei, Vier, Eins, Zwei ...

Am Anfang und Ende der Übung stehen *Wiederholungszeichen*. Spiele die Übung also *mindestens zweimal* durch.

Bass-Schlag oberhalb der Mitte

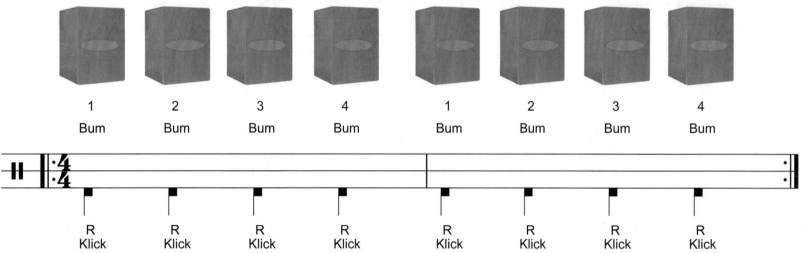

1	2	3	4	1	2	3	4
Bum	Bum	Bum	Bum	Bum	Bum	Bum	Bum

| R | R | R | R | R | R | R | R |
| Klick | Klick | Klick | Klick | Klick | Klick | Klick | Klick |

Kräsch! Bum! Bäng! Cajón

Spiele die Übung nun auch mit der *linken Hand*.

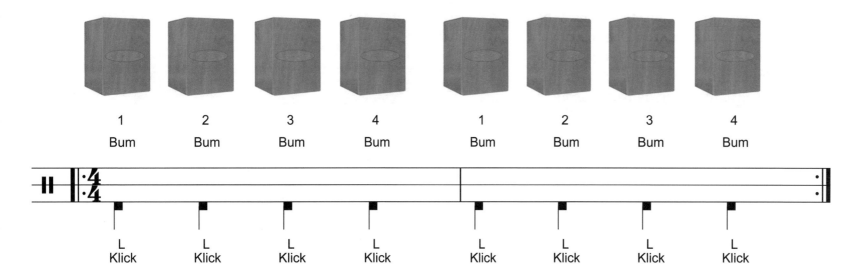

| 1 | 2 | 3 | 4 | 1 | 2 | 3 | 4 |
| Bum | Bum | Bum | Bum | Bum | Bum | Bum | Bum |

| L | L | L | L | L | L | L | L |
| Klick | Klick | Klick | Klick | Klick | Klick | Klick | Klick |

Und nun abwechselnd mit *beiden Händen*.

Beginne mit der *rechten Hand*.

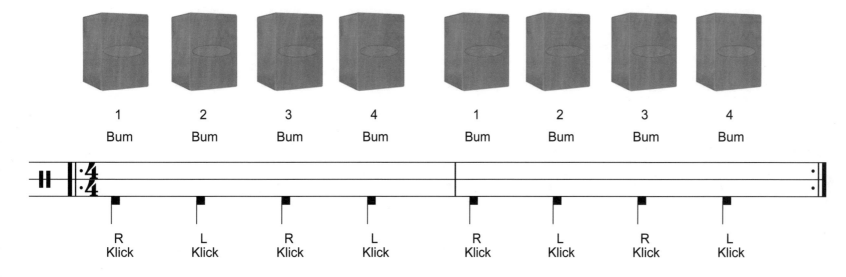

| 1 | 2 | 3 | 4 | 1 | 2 | 3 | 4 |
| Bum | Bum | Bum | Bum | Bum | Bum | Bum | Bum |

| R | L | R | L | R | L | R | L |
| Klick | Klick | Klick | Klick | Klick | Klick | Klick | Klick |

2. TSCHAK – DER OPEN TONE-SCHLAG

In den folgenden Übungen spielst du nun den *Open Tone-Schlag*, den man mit dem Schlag auf die *Snare Drum* an einem Drum-Set vergleichen könnte. Denn beim *Open Tone-Schlag* wird der *Spiralteppich* im Inneren deiner Cajón gut angesprochen, so dass ein leicht *schnarrender Sound* ensteht, der an den einer *Snare Drum* erinnert.

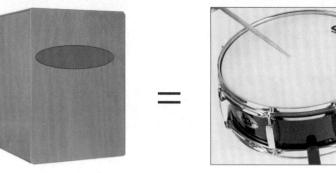

Spiele den *Open Tone-Schlag* im *ersten Takt mit der rechten Hand*, im *zweiten mit der linken Hand*. Achte auch auf die *Wiederholungszeichen* am Anfang und am Ende der Übung.

Anschlag mit der flachen Hand

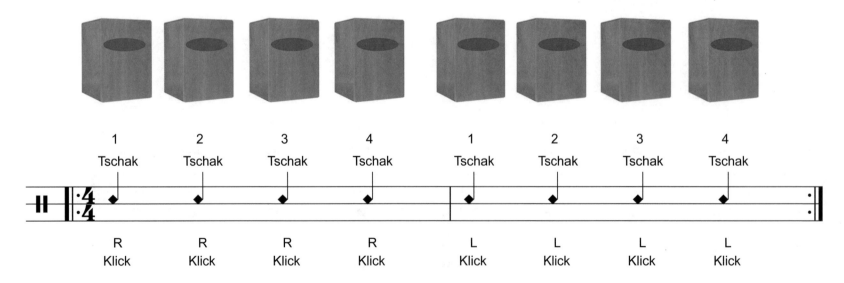

Nun abwechselnd mit *Rechts und Links* (**R - L - R - L**). *Rechts* beginnt.

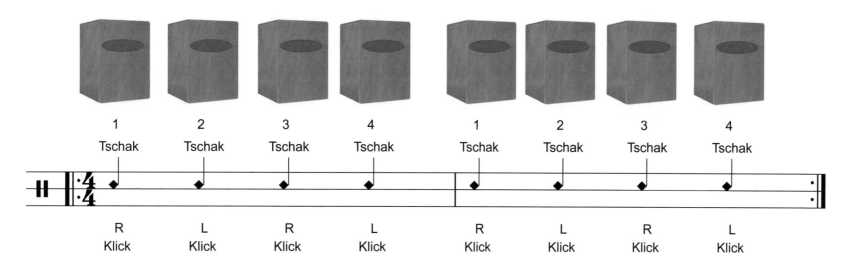

Im *ersten Takt* spielst du hier den **Open Tone-Schlag (Tschak)**, im *zweiten Takt* den *Bass-Schlag (Bum)*.

Die Schläge werden wieder *abwechselnd* mit Rechts und Links ausgeführt.

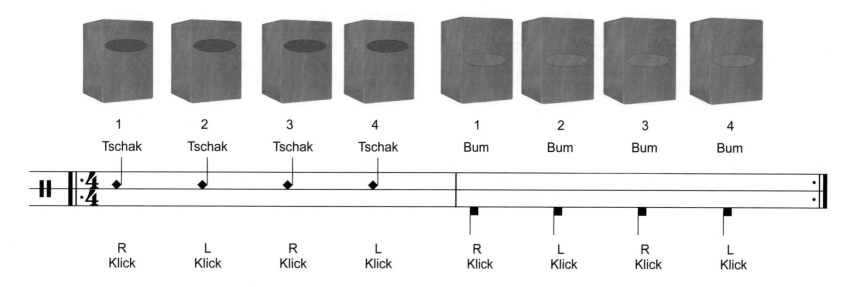

BUM–TSCHAK – Kombination von BASS- und OPEN TONE-SCHLAG

In den nächsten Übungen kombinierst du den *Bass-Schlag (Bum)* und den *Open Tone-Schlag (Tschak)*.
Auf das Drum-Set übertragen wären das also sozusagen Übungen für *Bass und Snare Drum*.

Schlage abwechselnd mit *Rechts und Links*.

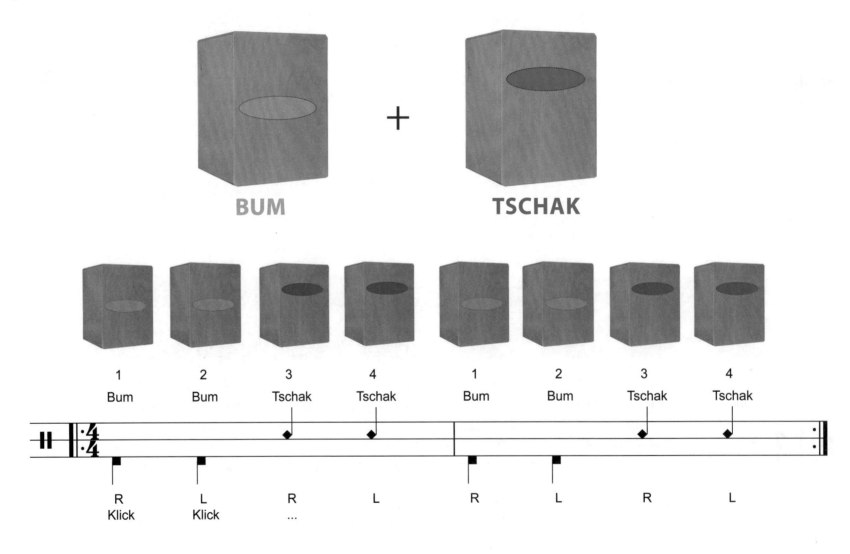

Variationen mit dem *Bass-Schlag (Bum)* und den *Open Tone-Schlag (Tschak)*.

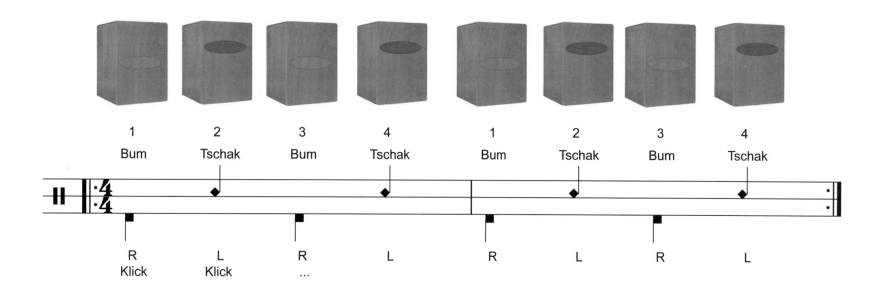

1	2	3	4	1	2	3	4
Bum	Tschak	Bum	Tschak	Bum	Tschak	Bum	Tschak

R L R L R L R L
Klick Klick ...

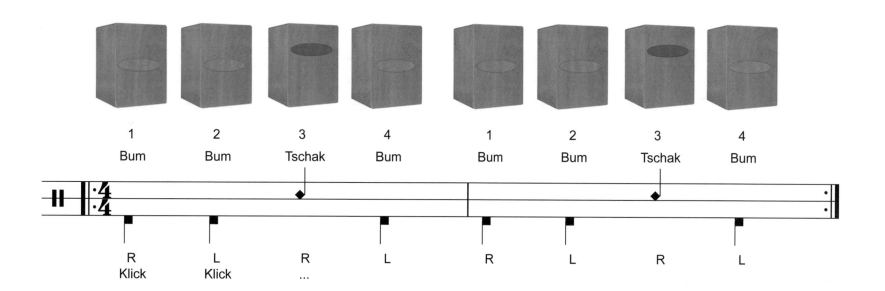

1	2	3	4	1	2	3	4
Bum	Bum	Tschak	Bum	Bum	Bum	Tschak	Bum

R L R L R L R L
Klick Klick ...

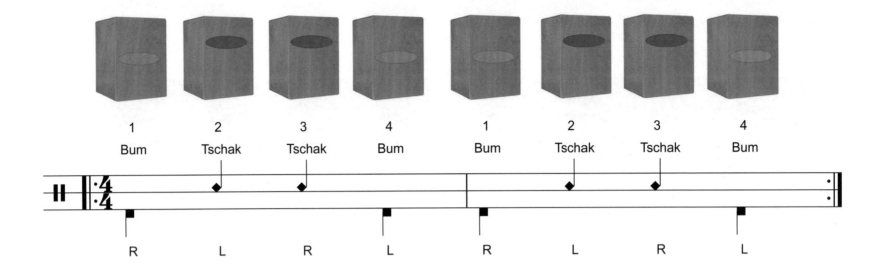

1   2   3   4   1   2   3   4

Bum   Tschak   Tschak   Bum   Bum   Tschak   Tschak   Bum

R   L   R   L   R   L   R   L

Aufgabe

Schau dir die Noten genau an und male dann die weißen Cajóns in der richtigen Farbe aus.
Trage außerdem noch die Klänge, die die Schläge erzeugen, auf den gestrichelten Linen ein.

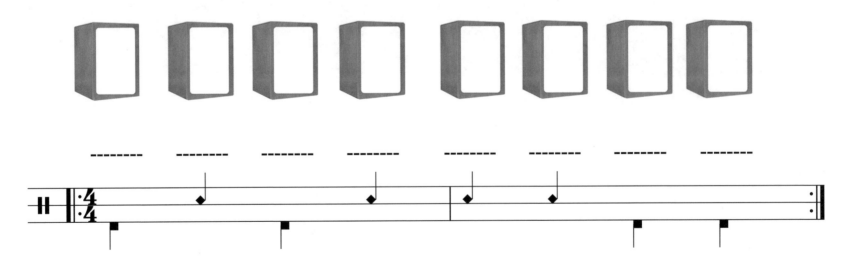

Kleines Cajón-Solo #1

Hier ist schon dein erstes kleines *Cajón-Solo*, das du deinen Eltern oder Freunden vorspielen kannst.

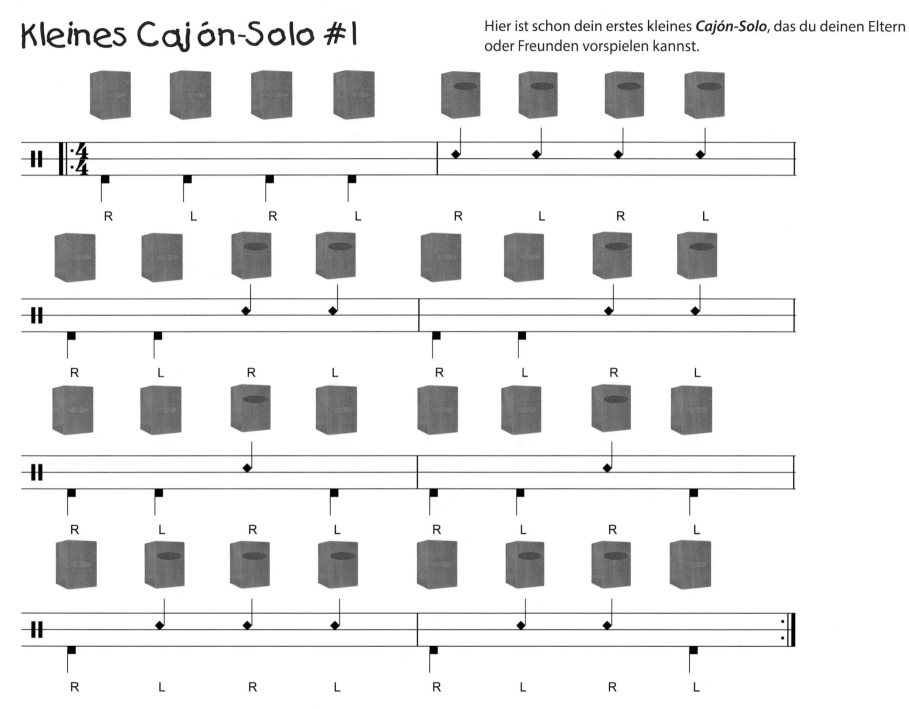

Kräsch! Bum! Bäng! Cajón

3. TIP – DER TIP-SCHLAG

Der *Tip-Schlag* ist der leiseste Schlag von den Schlägen, die du bisher kennen gelernt hast. Er wird am *oberen Rand der Schlagfläche* und nur mit den *Fingerspitzen* ausgeführt.

Man kann den *Tip-Schlag* mit einem Schlag auf der *HiHat* am Drum-Set vergleichen.

Spiele die Schläge hier im *ersten Takt* mit der *rechten Hand* und im *zweiten Takt* mit der *linken Hand*.

Tip-Anschlag mit der flachen Hand

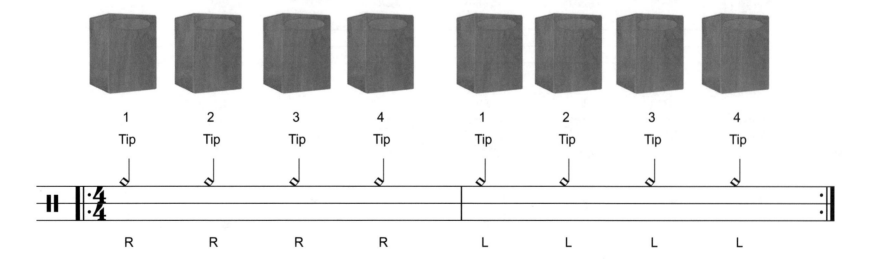

1	2	3	4	1	2	3	4
Tip	Tip	Tip	Tip	Tip	Tip	Tip	Tip

R R R R L L L L

Kräsch! Bum! Bäng! Cajón

Hier abwechselnd mit *Rechts und Links* :

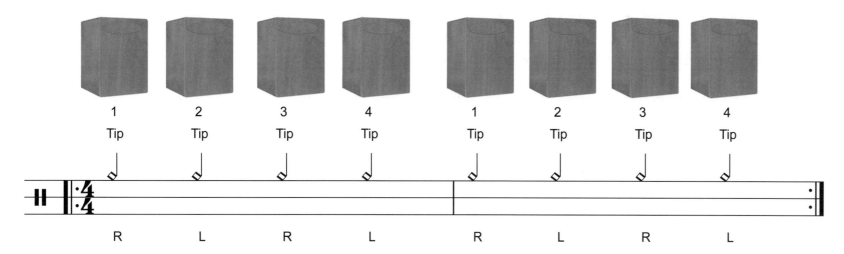

Die Schläge werden abwechselnd mit *Rechts* und *Links* ausgeführt.

Auf der Zählzeit „**4**" spielst du also mit der *linken Hand* einen **Open Tone-Schlag (Tschak)**.

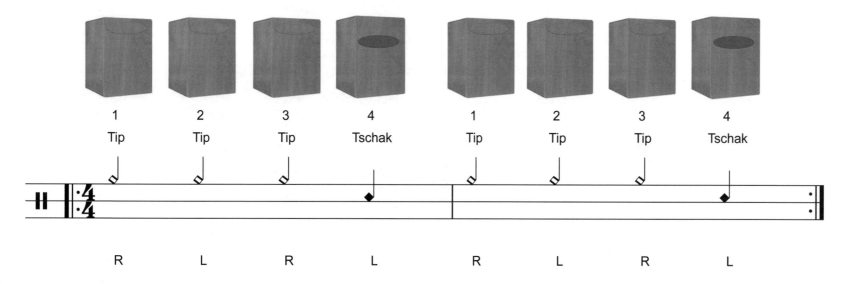

Aufgabe

Die Pfeile führen zu bestimmten Stellen auf der Schlagfläche dieser Cajón.
Trage ein, wie die Schläge heißen, die man an diesen Stellen ausführt und auch, wie die jeweilige Note aussieht.
Zum Schluss kannst du die Felder noch in den richtigen Farben ausmalen (**blau**, *rot* und *grün*).

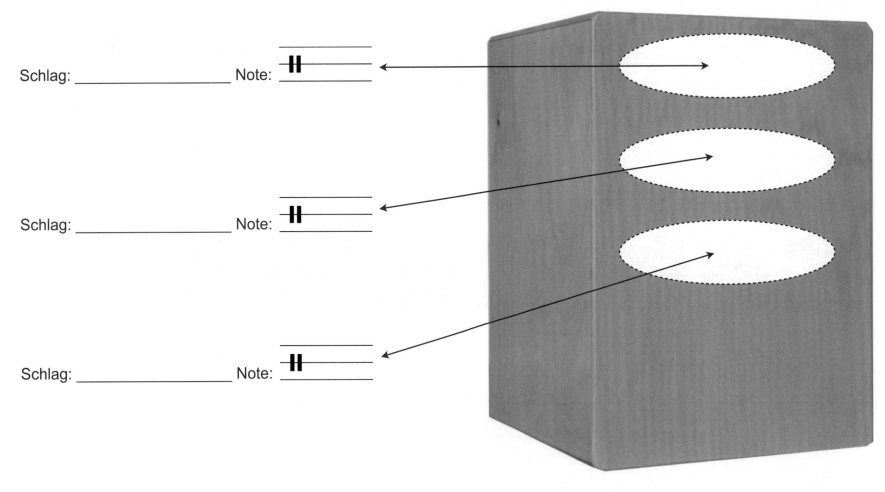

Schlag: _____ Note: _____

Schlag: _____ Note: _____

Schlag: _____ Note: _____

Kräsch! Bum! Bäng! Cajón

BUM–TSCHAK–TIP – Kombination von BASS-, OPEN- UND TIP-SCHLAG

In diesen Übungen sollst du den *Bass-Schlag (Bum)*, den *Open Tone-Schlag (Tschak)* und den *Tip-Schlag (Tip)* kombinieren. Sozusagen also die *Bass Drum*, *Snare Drum* und die *HiHat* in deiner Cajón-Kiste.

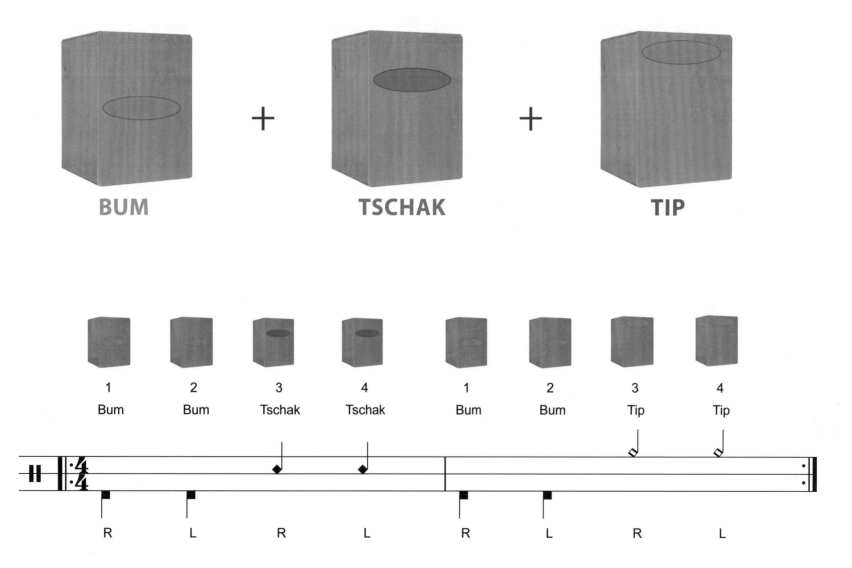

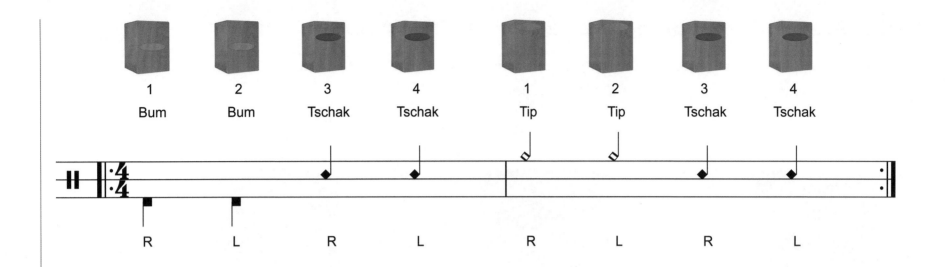

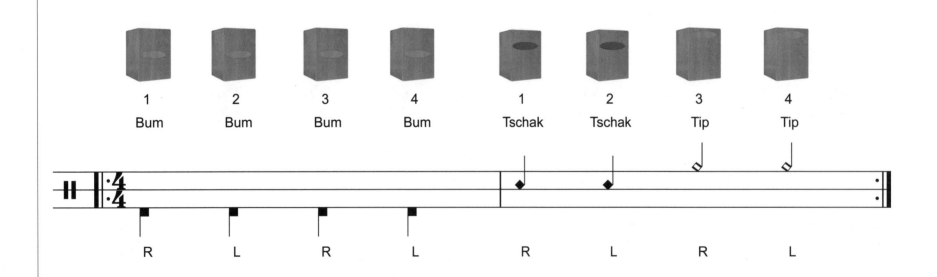

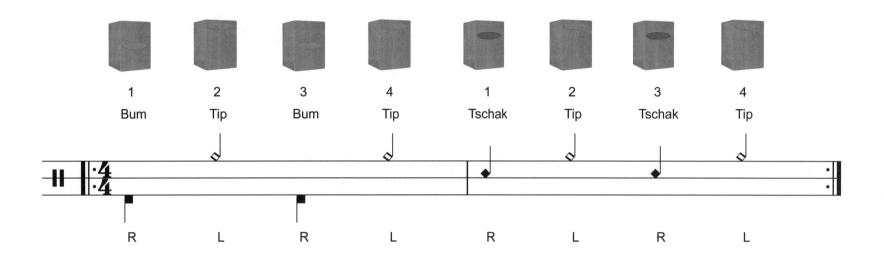

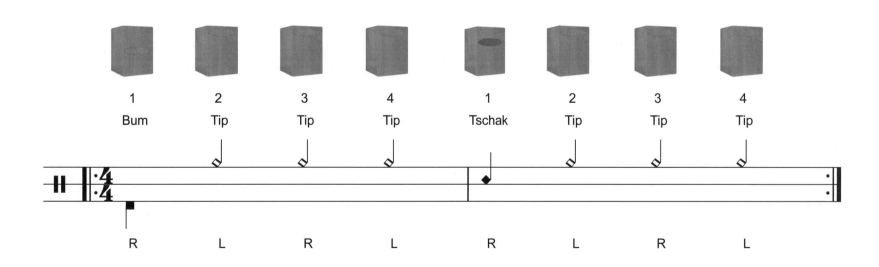

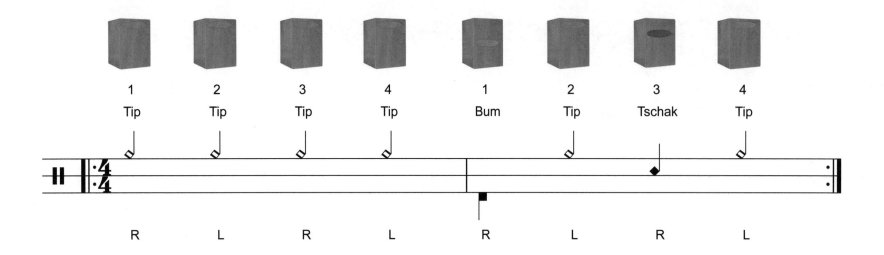

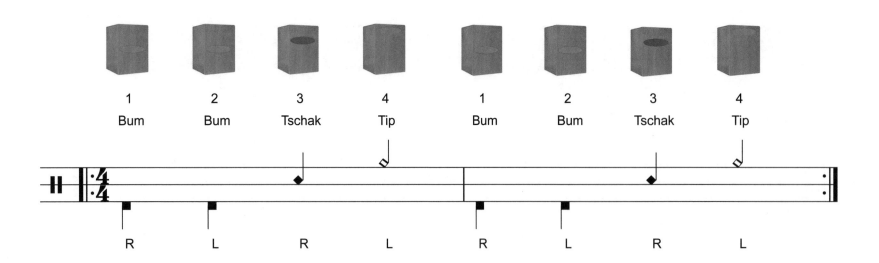

Kräsch! Bum! Bäng! Cajón

Aufgabe

Trage hier die passenden Noten für die Schläge ein.
Die farbigen Cajóns und die Klänge, die die Schläge erzeugen, habe ich dir vorgegeben.

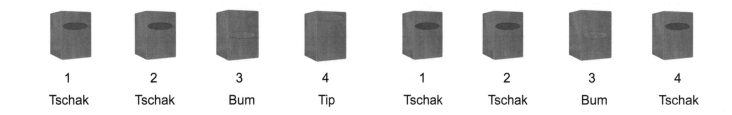

| 1 | 2 | 3 | 4 | 1 | 2 | 3 | 4 |
| Tschak | Tschak | Bum | Tip | Tschak | Tschak | Bum | Tschak |

Denke dir eigene Cajón-Rhythmen und Übungen aus und trage sie hier in die leere Notenzeile ein.

Kleines Cajón-Solo #2

Kräsch! Bum! Bäng! Cajón

Grooves auf der Cajón

Jetzt bist du vorbereitet, um auf deiner Cajón **Grooves** wie auf einem kompletten Drum-Set zu spielen.
Alles, was du dafür brauchst, hast du auf den vorherigen Seiten kennen gelernt.
Bei diesen Übungen gibt es über den Noten *keine* farbigen Cajóns mehr, aber du schaffst es bestimmt schon, nach Noten zu spielen:

1. Den *Bass-Schlag (Bum)*, der die **Bass Drum** des Drum-Sets ersetzen kann:

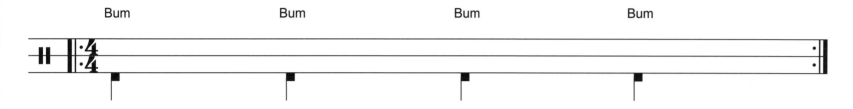

2. Den *Open Tone-Schlag (Tschak)*, der die **Snare Drum** ersetzen kann:

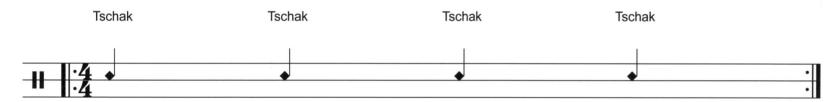

3. Und für die **HiHat** den *Tip-Schlag (Tip)*:

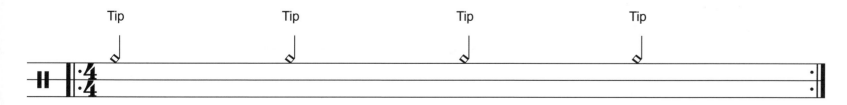

Spiele zunächst den *Bass-Schlag* und den *Tip-Schlag*:
„**BUM TIP BUM TIP**"

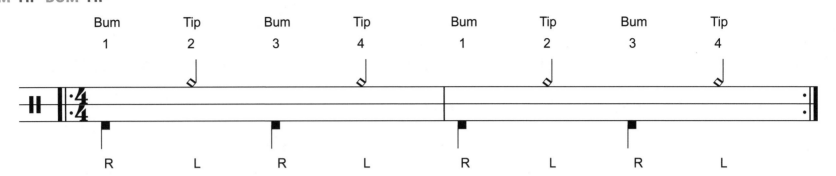

Dann den *Open Tone-Schlag* und den *Tip-Schlag*:
„**TSCHAK TIP TSCHAK TIP**"

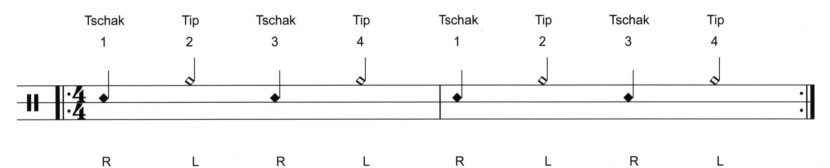

Und hier nun alle drei Schläge: *Bass*, *Tip* und *Open Tone*.
„**BUM TIP TSCHAK TIP**"

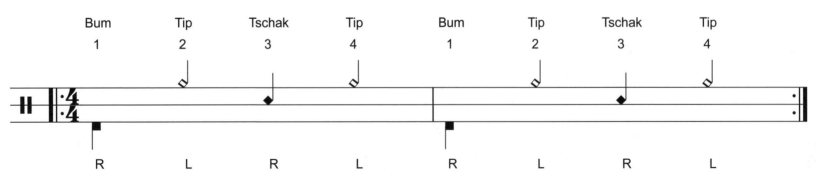

Kräsch! Bum! Bäng! Cajón

„BUM BUM TSCHAK TIP"

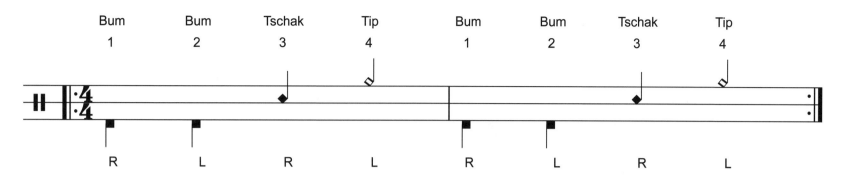

„BUM TIP TSCHAK BUM | BUM TIP TSCHAK TIP"

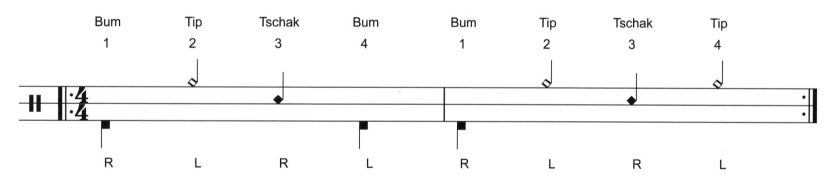

„BUM BUM TSCHAK BUM | BUM TIP TSCHAK TIP"

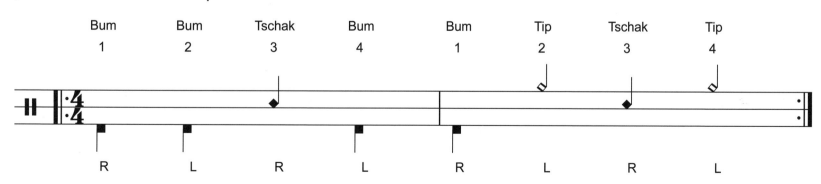

„BUM TIP TSCHAK TSCHAK | BUM TIP TSCHAK TIP"

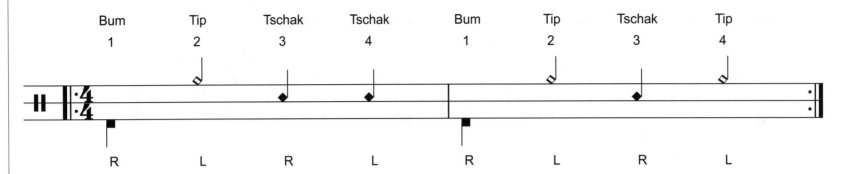

„BUM TIP TSCHAK TSCHAK | BUM TIP TSCHAK BUM"

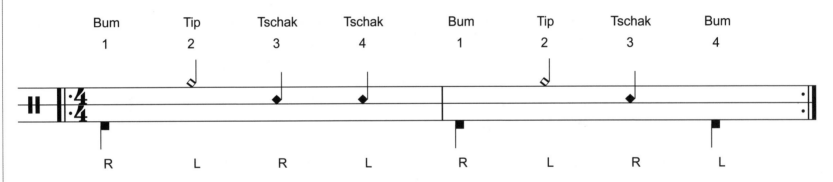

„TSCHAK TIP TSCHAK TIP | BUM BUM TSCHAK TIP"

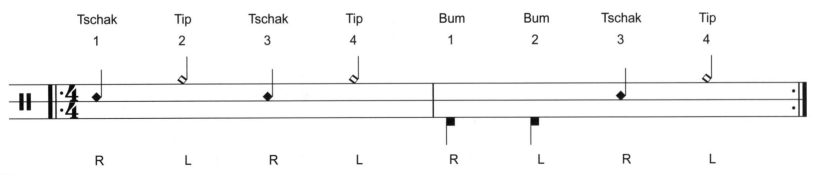

Kräsch! Bum! Bäng! Cajón

„TSCHAK BUM TSCHAK TIP | TIP BUM TSCHAK BUM"

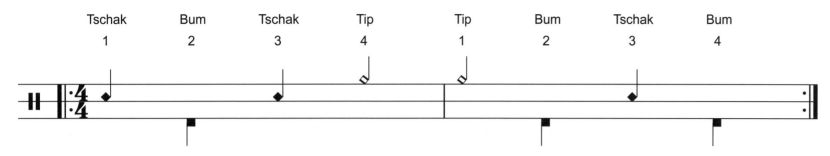

Aufgabe

Überlege dir zwei eigene Grooves und trage sie hier in die beiden leeren Notenzeilen ein.

Kleines Cajón-Solo #3

Herzlichen Glückwunsch! Du hast jetzt schon eine Menge über die Cajón und wie man sie spielen kann gelernt.

In dem *dritten Solo* ist noch mal alles zusammengefasst. Dann leg' mal los und viel Spaß dabei!

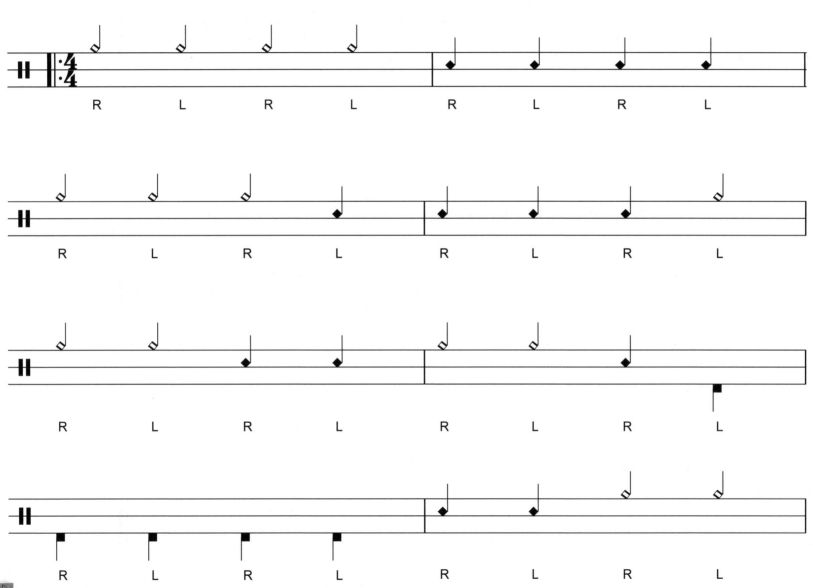

Kräsch! Bum! Bäng! Cajón

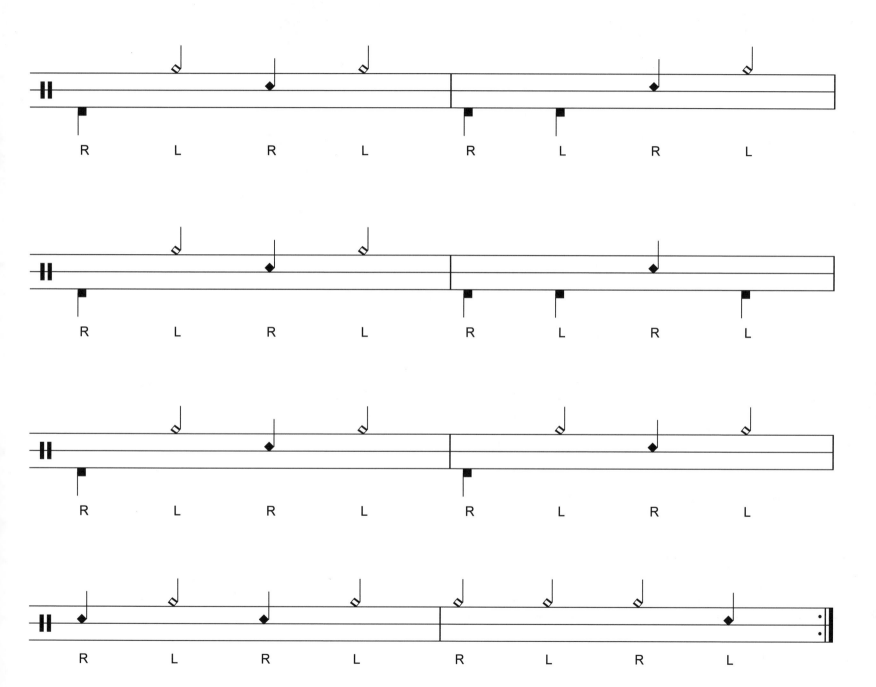

Spezielle Schlagtechniken

Hier lernst du noch ein paar weitere **Schlagtechniken** auf der Cajón kennen. Bisher hast du ja immer mit der Innenseite deiner Hände geschlagen und damit die Klänge erzeugt. Um ganz spezielle Cajón-Klänge erklingen zu lassen, gibt es andere Anschlagmöglichkeiten.

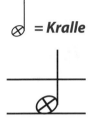

1. DIE KRALLE

Forme deine Hand zu einer **Kralle** und spiele nur mit den Fingernägeln!

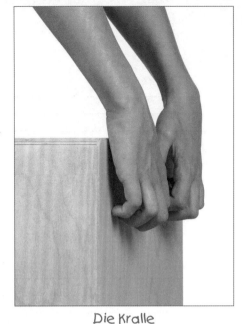

Die Kralle

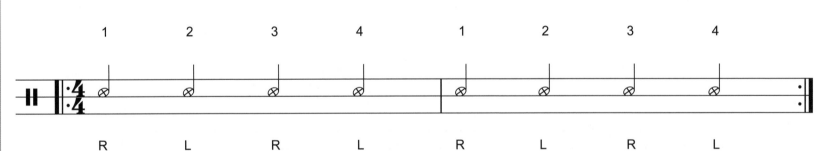

Kombiniere nun die **Kralle** mit den Schlägen, die du bereits kennst, zunächst mit dem *Bass-Schlag (Bum)*.

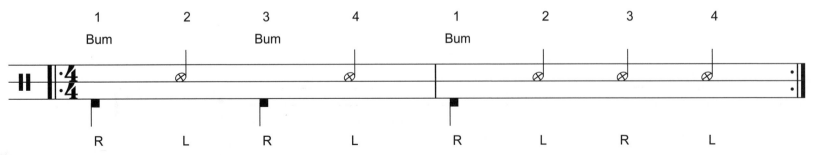

Kräsch! Bum! Bäng! Cajón

Jetzt die **Kralle** zusammen mit dem *Open Tone-Schlag (Tschak)*.

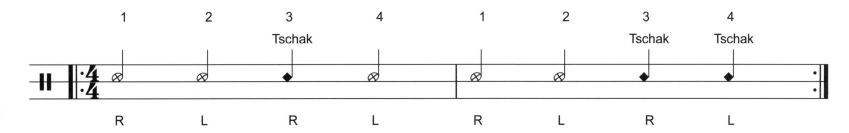

Und nun die **Kralle** zusammen mit dem *Tip-Schlag (Tip)*.

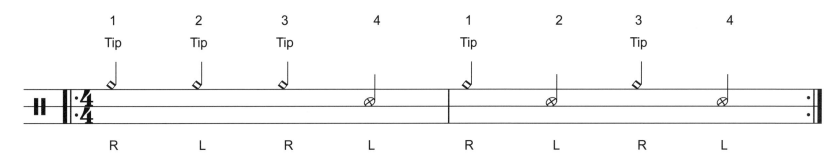

2. DIE KNÖCHEL

Forme deine Hand so, als ob du an eine Tür klopfen würdest.
Schlage dann nur mit deinen Fingerknöcheln an!

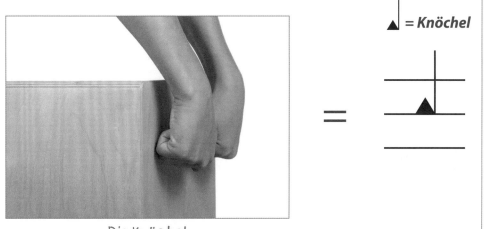

Die Knöchel

▲ = *Knöchel*

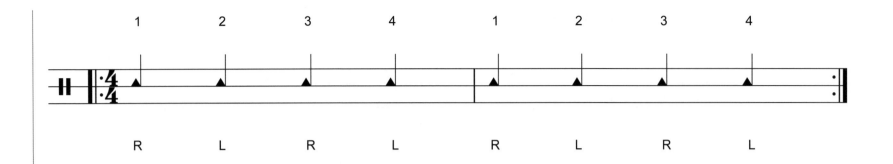

Kombiniere nun die **Knöchel** mit dem *Bass-Schlag (Bum)*.

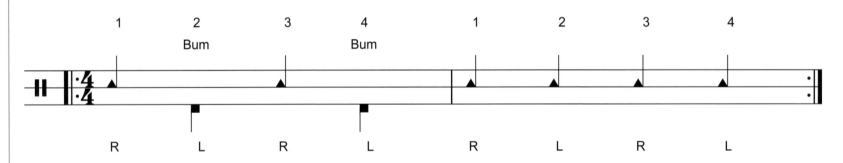

Knöchel und *Open Tone-Schlag (Tschak)*.

Kräsch! Bum! Bäng! Cajón

Knöchel und *Tip-Schlag (Tip)*.

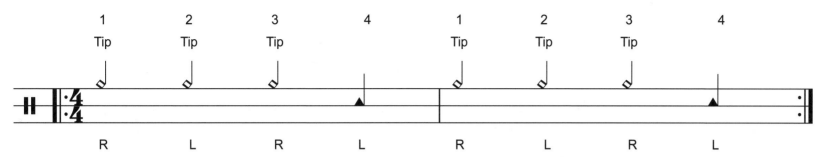

3. DIE FAUST

Forme deine Hand zu einer **Faust**.

Die Schläge führst du mit der *Unterseite* deiner Faust aus!

Tipp: Achte darauf, nicht mit dem Handgelenk auf die obere Kante zu treffen. Das kann schmerzhaft sein.

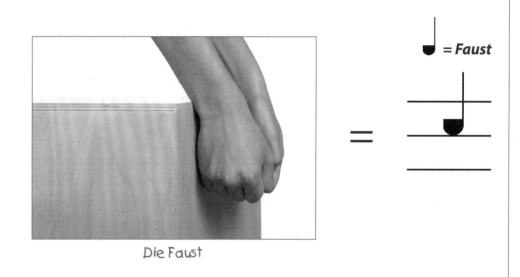

Die Faust

= *Faust*

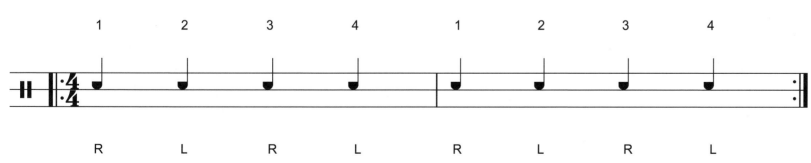

Die **Faust** und der *Bass-Schlag (Bum)*.

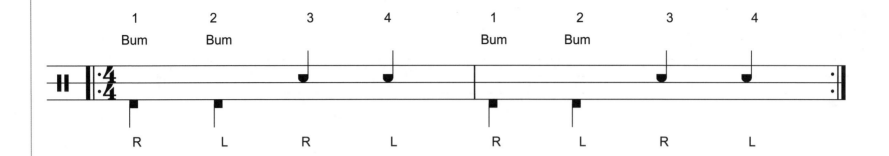

Faust und *Open Tone-Schlag (Tschak)*.

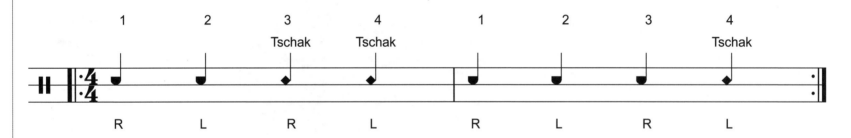

Faust und *Tip-Schlag (Tip)*.

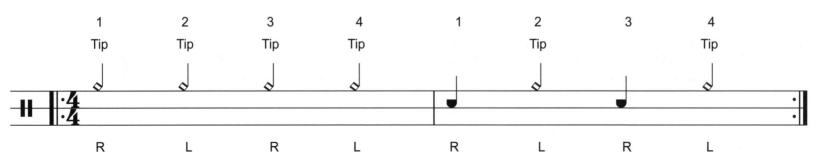

Band 1 der kinderleichten Schlagzeugschule von Olaf Satzer
ISBN 978-3-933136-21-3

Band 2 der kinderleichten Schlagzeugschule von Olaf Satzer

ISBN 978-3-933136-28-2

Band Intensiv der kinderleichten Schlagzeugschule von Olaf Satzer

ISBN 978-3-933136-97-8